老年人五禽戏养生功

林秋 编著

海峡出版发行集团 | 福建科学技术出版社
THE STRAITS PUBLISHING & DISTRIBUTING GROUP | FUJIAN SCIENCE & TECHNOLOGY PUBLISHING HOUSE

图书在版编目（CIP）数据

老年人五禽戏养生功 / 林秋编著. -- 福州：福建科学技术出版社, 2025.2. -- ISBN 978-7-5335-7352-2

Ⅰ.G852.9-49

中国国家版本馆CIP数据核字第20244MV723号

出 版 人　郭　武
责任编辑　陈滢璋　郑琳娜
装帧设计　吴　可
责任校对　林峰光

老年人五禽戏养生功

编　　著　林　秋
出版发行　福建科学技术出版社
社　　址　福州市东水路76号（邮编350001）
网　　址　www.fjstp.com
经　　销　福建新华发行（集团）有限责任公司
印　　刷　福州万紫千红印刷有限公司
开　　本　720毫米×1020毫米　1/16
印　　张　7
字　　数　76千字
版　　次　2025年2月第1版
印　　次　2025年2月第1次印刷
书　　号　ISBN978-7-5335-7352-2
定　　价　35.00元

书中如有印装质量问题，可直接向本社调换。
版权所有，翻印必究。

序一

传承千年智慧，共筑老年健康梦
——评《老年人五禽戏养生功》

在漫长的历史岁月中，人类始终致力于探索健康长寿的奥秘。中华传统文化中的养生智慧，宛如璀璨星辰，照亮了我们前行的道路。五禽戏作为古代养生瑰宝之一，历经千年传承，其独特的健身功效和深厚的文化底蕴，至今仍备受世人推崇。《老年人五禽戏养生功》一书的出版，无疑是对这一古老养生智慧的精彩诠释与传承。

本书在传承传统五禽戏精髓的基础上，进行了科学、合理的改编与整理，使其更契合老年人的生理特点和健康需求。作者团队汇集了医学、体育学、训练康复学等多领域的专家学者，他们凭借深厚的专业素养和严谨的科研态度，深入探究五禽戏的历史渊源，结合现代医学理论，对每个动作都进行了精心设计和科学评估。这些工作为系列动作提供了规范性和安全性，更为五禽戏在老年人群体中的推广提供了坚实的基础。

《老年人五禽戏养生功》不仅是一本养生功法指南，更是蕴含丰富养生知识的科普读物。书中详细阐述了五禽戏的养生原理、功效及注意事项，让老年朋友在练习过程中不仅知其然，更知其所以然。同时，作者还结合老年人的生活习惯和心理特点，提供了多种练习方法和建议，帮助老年人在轻松愉悦的氛围中享受养生的乐趣。

在当今社会，随着人口老龄化问题的日益凸显，老年健康成为社会关注的热点。五禽戏作为一种低强度、高效益的养生方式，对于提升老年人身体素质、预防疾病、延缓衰老等具有显著作用。因此，《老年人五禽戏养生功》的出版，无疑为老年朋友送上了一份珍贵的健康礼物。

在此，我要特别提及本书的主编作者——林秋。他是一位在体育养生、传统养生文化等领域深耕多年的专家。凭借对传统文化的热爱与执着，以及对现代健康科学的深刻理解，林秋不仅致力于将传统养生智慧与现代医学理论相结合，还积极投身于养生知识的普及与推广。他的作品通常以深入浅出的方式，将复杂的养生理论转化为通俗易懂的语言，深受广大读者的喜爱和好评。相信通过这本书，读者也将继续获得健康与养生的飨宴。

我衷心推荐本书，希望它成为广大老年朋友养生路上的良师益友，引领大家共同探索健康长寿的奥秘，享受更美好的晚年生活。

苏长来

国际武医联合会执行主席，中国学生体育联合会大学武术分会秘书长

2024年7月

序二

五禽戏作为一种古老而经典的健身方法，蕴藏着东方民族独特的养生智慧。

我们在继承传统五禽戏精髓的基础上，精心构建了一支跨学科专家团队，他们分工明确，携手将古老养生智慧与现代医学理论巧妙融合，为老年群体量身打造这套五禽戏养身功法，通过本书呈现。其中：历史与文化研究小组由汤艳丽、朱浩铭负责，深挖五禽戏历史渊源，让老年人在习练中感受传统文化的韵味与魅力；医学与健康小组由专家鄢行辉、林辉负责，依据现代医学尤其是老年医学理论，科学评估并调整动作设计，在提升锻炼有效性的同时，最大程度保证安全性，此外还深入解析五禽戏的养生机理，为老年人提供科学的指导；动作编排与示范小组由资深武术与健身教练林秋领衔，精心编排动作，确保连贯流畅且易于掌握，在书中辅以高清图文与视频示范，让老年人可直观学习；注意事项与安全保障小组由段廷进负责，细致入微地制订了练习指南与防护措施，针对老年人身体特点提出避免运动伤害的实用建议。

本书旨在满足老年人日益增长的养生需求，动作编排注重规范性与安全性，并结合老年人的生活习惯与心理特征，提供多元化的练习方案，让老年人在享受五禽戏带来的健康益处同时，也能感受到身心的愉悦与放松。

《老年人五禽戏养生功》是一本集科学性、实用性、趣味性于一体的养生科普读物。我们衷心希望，通过本书的引导，更多的老年朋友能够加入到五禽戏的操演中来，体验其独特的养生魅力，享受健康、快乐的晚年生活。

让我们携手共进，为传承和弘扬中华民族的传统养生文化贡献自己的一份力量！

作者　林秋

2024 年 7 月

目 录

第一章 认识五禽戏 1

第一节 五禽戏是什么 2
一、名医华佗创编五禽戏 3
二、五禽功法的历史流变 4
三、五禽戏的文化渊源 6

第二节 五禽戏功法特点 8
一、仿生导学，象形取意 8
二、以神领形，练形养心 9
三、锻炼脏腑，内外兼修 10
四、吐纳导引，气韵调和 11

第三节 练习五禽戏的注意事项 12
一、适度运动，过犹不及 12
二、操练之前，热身准备 13
三、保持放松、宁静的状态 13
四、学习由浅入深，操练因人而异 14

第二章 五禽戏基本功法 15

起势 16

第一戏 虎戏 19
第一式 虎举 20

第二式 虎扑	24
第二戏 鹿戏	32
第一式 鹿抵	32
第二式 鹿奔	36
第三戏 熊戏	42
第一式 熊运	42
第二式 熊晃	46
第四戏 猿戏	52
第一式 猿提	52
第二式 猿摘	56
第五戏 鸟戏	64
第一式 鸟伸	64
第二式 鸟飞	69
收势	75

第三章 对症练习 … 81

第一节 现代人健康问题的对症练习 … 82
第二节 常见老年病的五禽戏运动处方 … 84

一、高血压 … 84
二、糖尿病 … 86
三、脑卒中 … 87
四、骨质疏松 … 89
五、睡眠障碍 … 90
六、慢阻肺 … 91
七、便秘 … 92
八、帕金森病 … 93

九、尿失禁 …………………………………………… 95

云端视频 五禽戏各动作演示 ………………………… **97**

　第一戏　虎戏 ………………………………………… 98

　第二戏　鹿戏 ………………………………………… 99

　第三戏　熊戏 ………………………………………… 100

　第四戏　猿戏 ………………………………………… 101

　第五戏　鸟戏 ………………………………………… 102

第一章
认识五禽戏

第一节　五禽戏是什么

五禽戏是中国历史上流传最久的养生操之一,至今已有约1800年的历史,现今也称为华佗五禽戏。"五禽"指的是虎、鹿、熊、猿、鸟(鹤)五种动物,五禽戏模仿这几种动物的形态、神态进行人体的运动,达到强身健体的目的。

这里的"禽"既指鸟类,也指兽类,因为"禽"在古代初创造时指的是"捕捉动物"的意思,而后引申为名词,泛指所有可被捕捉的动物,所以,在古代、魏晋之前,"禽"可包含兽、鸟。

经现代整理的五禽戏养生操动作简单,总体运动量不大,形松意充,动静结合,适合老年人操练。

华佗故乡亳州街头的五禽戏雕塑

一、名医华佗创编五禽戏

五禽戏据传是由华佗创编。华佗是中国古代著名的医学家,生于东汉时期(公元145年—208年),他不仅精通医学,还擅长武术和养生之道,被誉为"医圣武侠"。

对于华佗与五禽戏的文字记载,最早见于西晋陈寿所著的《三国志·魏·方技传》:

> 广陵吴普、彭城樊阿皆从佗学。普依准佗治,多所全济。佗语普曰:"人体欲得劳动,但不当使极尔。动摇则谷气得消,血脉流通,病不得生,譬犹户枢不朽是也。是以古之仙者为导引之事,熊颈鸱顾,引挽腰体,动诸关节,以求难老。吾有一术,名五禽之戏:一曰虎,二曰鹿,三曰熊,四曰猿,五曰鸟。亦以除疾,并利蹄足,以当导引。体中不快,起作一禽之戏,沾濡汗出,因上着粉,身体轻便,腹中欲食。"普施行之,年九十余,耳目聪明,齿牙完坚。

上述记载说,华佗向弟子吴普传授了五禽戏,吴普长期施行后取得了长寿的效果。

但早期文献并未记载五禽戏的具体动作。当时,五禽戏的练法是通过口耳相传。最早记载五禽戏动作的文献出现在南北朝时期,南朝梁代名医陶弘景在其著作《养性延命录》中记载:

> 虎戏者,四肢距地,前三掷,却二掷,长引腰,侧脚仰天,即返距行,前、却各七过也。鹿戏者,四肢距地,引项反顾,左三右二,左右伸脚,伸缩亦三亦二也。熊戏者,正仰以两手抱膝下,

举头，左擗地七，右亦七，蹲地，以手左右托地。猿戏者，攀物自悬，伸缩身体，上下一七，以脚拘物自悬，左右七，手钩却立，按头各七。鸟戏者，双立手，翘一足，伸两臂，扬眉鼓力，各二七，坐伸脚，手挽足距各七，缩伸二臂各七也。夫五禽戏法，任力为之，以汗出为度，有汗以粉涂身，消谷食，益气力，除百病，能存行之者，必得延年。

上述文字描绘了五禽戏的动作，并说明了其锻炼原则：任力为之，以汗出为度。

五禽戏在漫长的历史中流传下来并传播开。新中国时期，国家体育总局和有关专家对传统五禽戏进行了挖掘、整理与研究，将所确定的操练法称为"华佗五禽戏"。2011年5月23日，国务院批准"华佗五禽戏"列入第三批国家级非物质文化遗产名录。

二、五禽功法的历史流变

1. 古已有之的仿生导引思想

在华佗之前，我国就已经有各种通过仿生导引进行健身养生的记载：在汉代之前的战国时期创作的《庄子·刻意》中记载了"吹呴呼吸，吐故纳新，熊经鸟申，为寿而已矣"的养生方法，其中"熊经鸟申"指人体模仿熊走路（径）、鸟伸脚做动作，这是现存最早的仿生导引动作记载；长沙马王堆西汉早期墓出土的"导引图"中隐约可见有模仿"熊经""鸟申"的动作；张家山西汉早期墓出土的汉简《引书》中有"龙登、鹞背、熊经、凫沃、龙兴、蛇甄、虎引"的仿生动作记载；西汉《淮南子·精神训》中记载了以"熊经鸟伸，凫浴蝯躩，鸱视虎顾"

为动作的"六禽戏"。

长沙马王堆汉墓出土的仿生"导引图"

所以说,华佗创立五禽戏,是对古已有之的仿生导引思想的新实践。

在华佗之后,仿生导引养生思想也继续获得新的实践,如晋代葛洪所著《抱朴子·杂应篇》中记载了含有"龙导、虎引、熊经、龟咽、燕飞、蛇屈、鸟伸、猿据、兔惊"动作的"九禽戏"。

2. 多种形式的"五禽"操舞

从古流传至今,同样仿虎、鹿、熊、猿、鸟"五禽"动作的操舞功法除了华佗五禽戏外,还有其他的种类,例如以下。

五禽图气功:一种古老的健身方法,以内气运行为主,注重身体的柔韧性和协调性。

五禽舞:起源于汉代,以柔劲为主,追求姿势优美,不仅是健身方法,也是一种舞蹈形式。

五禽拳:一种武术拳法,以刚劲、快速勇猛为主,注重身体的协调性、灵活性,强调手法、步法、身法的结合。

可见仿生导引思想可用于实现健身、娱乐、防身的多种目的。

3. 五禽戏的历史演变

在历史长河的流传中,五禽戏操练方法也经历了不同的变化。从记载看,在宋代以前,五禽戏主要侧重于肢体动作,配以少量的呼吸吐纳方法。到了明清和民国时期，五禽戏则以呼吸吐纳为主，辅以少量的肢体运动。新中国时期，五禽戏又回归到以肢体运动为主、呼吸吐纳为辅的形式；另外，运动的重心逐渐升高，从"坐式"到"步式"再到"立式"，运动幅度逐渐减小，动作难度也越来越小。可见五禽戏在流传中经历了变化和调整，以适应不同时代人群的需求，并逐步完善。

从民国时期至今，五禽戏中的"鸟"均指鹤；而在民国之前的早期记载中，"鸟"则指向"鹤""鸥""燕"等多个不同的种类。可见五禽戏中的鸟类形象在不同时期和不同流派中会有所不同，但总体上，鹤是主要的代表。

五禽戏在流传过程中出现了不同的动作顺序、动作名称，但都是以"虎、鹿、熊、猿、鸟（鹤）"这五种动物为模仿对象进行演变。所以，尽管流传过程带来了多样的变化，但五禽戏的核心动作始终保持一致。

三、五禽戏的文化渊源

1. 以动物为榜样，受自然天道观影响

自然观是汉魏时期的主流社会思潮，在一定意义上是突破神学局限性的科学自然观。这种观点认为万物有其本质，即其"性"，并按其本质而行，这样的运行符合"天道"。

按照自然观，身体锻炼的目的是为了恢复人性，从而获得健康长寿。人类应有的自然特征必然存在于与人类相似的物体中，那就是各种动物，通过模仿动物的行为特征，人们可以重新发掘自身的原始本性，与大自然相融合。

在中国传统文化中，虎、熊、鹿、猿、鹤这五种动物被认为与健

康和长寿有着密切的联系，例如，"虎背熊腰"这个成语用来形容一个人的身体强壮有力，"鹤发童颜"用来形容老年人的气色好，在画作中人们常常将仙鹤和古松放在一起，寓意长寿。也由于人们对这五种动物的喜爱、崇拜，五禽戏在中国古代得到广泛传播。

五禽戏不仅令人恢复到简单、朴素的生命状态，还反映了人类对自然深刻的理解与共鸣，通过遵循自然规律来培育和维系自然赋予人的生命力。

2. 中医理论是创编五禽戏的思想源泉

五禽戏通过模仿虎、熊、鹿、猿、鹤五种动物的姿势和动作，达到舒展筋骨、畅通血脉、调和阴阳的目的。五禽戏中的每一个动作都有其特定的含义和作用，可以锻炼身体的不同部位和经络，促进气血流通和阴阳平衡。

医学经典《黄帝内经》强调，阴阳调和是健康的本质，气血通畅和筋脉舒和则是阴阳平衡的外在表现。如果气血失畅，就会导致脏腑经络之气闭阻不通，进而引发疾病。华佗认为，为了达到气血通畅和筋脉舒和，适当有度的运动是必要的，于是，他创编了五禽戏，并提出了"沾濡汗出"的运动标准，即以微微出汗为宜。适度的出汗能够宣泄体内的"虚邪贼风"，通畅经络，使脏腑与肌肤通达。如果人体已经感受了风邪等外邪，通过运动导引使身体出汗，可以将"风邪"排出体外，缓解病情，华佗所言"体中不快，起作一禽之戏，沾濡汗出"正是此意。

第二节 五禽戏功法特点

一、仿生导学,象形取意

在五禽戏中,"仿生导引"是核心的思想,即通过模仿动物的行为和形态来达到活动健身的目的,下面逐一介绍。

1. 虎戏

练习者模仿老虎的抓、扑等动作,以增强身体的活力和力量,同时配合深呼吸和意念的集中,以更好体会老虎的威猛、果敢。

2. 鹿戏

练习者模仿鹿向不同方向迈步、抵角的动作,以增强身体的柔韧性和协调性,同时配合细长呼吸和意念的放松,以更好地体会鹿的优雅、温柔。

3. 熊戏

练习者模仿熊的晃体、迈步等动作,以增强身体的力量和稳定性,同时配合深呼吸和意念的集中,以更好地体会熊的沉稳、憨厚。

4. 猿戏

练习者模仿猿的提手、顾盼、展臂、摘果等动作和神情,以增强身体的灵活性和协调性,同时配合快速呼吸和意念的集中,以更好地体会猿的灵活、敏捷。

5. 鸟戏

练习者模仿鹤鸟伸颈、飞翔等动作,以增强身体的平衡性和协调性,同时配合匀速呼吸和意念的放松,以更好地体会鸟的轻盈、自由。

整套功法充满生命的张力和艺术感,体现了编创者对自然的敬意和对生命的颂扬,传递了一种"与自然和谐共生、享受大自然"的生活哲学。

二、以神领形,练形养心

五禽戏作为一种仿生式的体操,不仅是对动物形态的简单模仿,更是对动物内在神韵的深入体验。

例如,以"猿提"动作为例,练习者需要快速地将掌指撮拢并变化为钩状,再左顾右盼。从形的角度看,猿猴的灵活、敏捷显现在外部的动作上;而从神的角度看,猿猴的动作实际上是内在的"意"的表达。

我们还可以通过"移情换景",想象自己置身于五禽各自的生活场景,从而进一步体会五禽的"神"(如表格)。例如在练习鹿戏时,我们可以想象鹿在自然界的生态,理解"肾志主恐"的特点,从而更好体会鹿的"静"和"警",动作上于旋转中寻求平衡,于方正中展现圆润,达到形神合一,而这正是五禽戏的魅力所在。

五禽戏中的情境想象

戏名	心理体会	情境想象
虎戏	体会勇猛、果敢	想象自己是深山中一头威风凛凛的老虎,高傲地俯视各种野兽,伸展四肢,捕捉食物,以此展示老虎的威力
鹿戏	体会宁静、平和	想象自己是原野上的梅花鹿,站在群鹿之间,众鹿戏抵,伸足迈步,意想自己在山坡、草原上自由快乐地活动

续表

戏名	心理体会	情境想象
熊戏	体会憨实、宽容	想象自己是森林里的黑熊，轻松地转动腰部和腹部，自由自在地行走，展现出憨厚和宽容的一面
猿戏	体会灵巧、机敏	想象自己是花果山中的灵猴，活泼灵巧，摘桃献果
鸟戏	体会轻盈、自由	想象自己如同江畔的仙鹤，舒展筋骨，展翅飞翔

于是，在五禽戏中，我们通过对动物的模仿，不仅可以练身，还可以养心，体会各种健康的心理状态，久而久之，会有更平稳的内心。

三、锻炼脏腑，内外兼修

五禽戏与中医的脏象学说有着密切的联系，虎、鹿、熊、猿、鸟五禽分别对应人体的肝、肾、脾、心、肺五脏。

虎戏主肝：通过手型的变化和两目的怒视，可以调节肝的功能，疏肝理气、舒筋活络。

鹿戏主肾：通过腰部的侧屈拧转和背部后拱等动作，可以锻炼腰肾部位，活动督脉和命门穴等，益气补肾、壮腰健骨。

熊戏主脾：通过腰腹运转、左右晃动等动作，可以按摩脾胃、充实两肢。

猿戏主心：通过胸廓、身形的收缩、展开等动作，可以养心补脑、疏通血脉。

鸟戏主肺：通过两臂的上下运动，可以增加血氧交换，补肺宽胸，调畅气机。

五禽戏通过模仿五种动物，无形之中对五脏进行了有针对性的锻炼。学练五禽戏中的任何一戏，可侧重防治某一脏的疾患；若是整套功法完整演练，则能对人体的五脏进行规律性的良性刺激，利于整体功能的优化和提升。

四、吐纳导引，气韵调和

吐纳导引是五禽戏的核心之一，吐纳是指呼吸的方法，导引是指引导身体动作。在五禽戏的练习中，我们将特定的呼吸技巧和动作导引相配合，以更好地模仿动物的神态。例如，我们在做"鹿戏"时，需要细长深入地呼吸，同时身体做大幅度和缓慢的动作，从而模仿鹿的优雅和平衡。通过这样的练习，我们可以更好地控制身体，还可以缓解心灵的紧张，从而达到更好的健身效果。

在五禽戏的后期练习中，重要的是要将身体、气息和意念三者紧密结合，实现"身到、气到、意到"的完美状态：以气引导动作，以形态引领呼吸，以情感驱动身体，以形态释放心情，用意识控制气息，用气息稳定情绪，实现身体、气息和心灵的和谐。

老年人五禽戏养生功

第三节 练习五禽戏的注意事项

开始练习五禽戏前,我们有必要了解通用的注意事项,以更安全、有效地进行锻炼。

一、适度运动,过犹不及

五禽戏通过合理的练习和坚持,可以改善身体状况、缓解某些病痛,同时,操练过程也要注意适度,循序渐进,适可而止。

五禽戏模仿各种野兽、大鸟的动作,虽然动作速度比较缓和,但很多动作的幅度较大,身体会进行比较大的扭转、开合等,所以在练习中如果操之过急,有可能造成意外的伤害,就好像有人在运动前热身时动作过快,反而扭伤了身体,是一个道理。

对于初学者和老年人来说,需要根据自身情况来调整练习的强度和时间,避免过度疲劳和不适,确保练习的安全和有效。

每个人的身体状况和疾病情况不同,因此最好咨询医生或专业的健身教练,根据个人情况进行合理的运动安排。对于有心脏病、高血压等疾病的人群,更应避免过度运动,以免引发进一步的不良反应。

此外,五禽戏并非万能的,对于严重的病症,还是需要采取科学、规范的医疗手段进行治疗。

在保持锻炼的同时,我们也应该注重平衡饮食、合理作息,保持良好的生活习惯,从而达到养生健康的目的。

二、操练之前，热身准备

在开始练习五禽戏之前，进行适当的准备运动是非常重要的。准备运动可以帮助身体逐渐进入运动状态，预防运动损伤，并提高练习效果。通常，准备运动可以包括一些简单的拉伸、关节活动和深呼吸等动作。

站姿是准备运动的常见姿势，准备运动时两脚分开与肩同宽，两臂自然下垂，进行3～5次深呼吸，可以帮助身体放松，调整呼吸，为后续的五禽戏动作做好准备。

三、保持放松、宁静的状态

松、静是五禽戏练习的重要原则之一，它包括内外两个方面：外在是指解除肢体各方面的紧张，让身体处于轻松、舒适的状态；内在则是指解除思想情绪方面的紧张，让心情宁静、放松。

为了达到这样的状态，练习者可选择相对安静的环境进行练习，以减少外界干扰。对于中老年人来说，特别是患有各种慢性疾病者，更需要在安静的环境下进行练习。

练习者通过放松肌肉、调整呼吸和舒展身体，可以达到外松的效果；将注意力集中在动作的细节和内在感受上，可以获得思想的平静、情绪的稳定。

四、学习由浅入深，操练因人而异

"五禽戏"一共有十二个动作，包括起势和收势。虽然这些动作看起来不难,但要真正掌握并做得熟练,还是需要花点时间和下点功夫的。刚开始学习时,可以先进行上肢动作练习或下肢动作练习,然后再过渡到整个身体的动作练习。通过一步步地学习,逐动、逐戏学会,直到完整功法,并慢慢让动作更标准、熟练。

五禽戏全套操练下来还是有一定运动量的,对于老年人来说,具体应用时应按自己的实际情况量力而行,不可勉强。

一套完整的五禽戏包括多个动作,但练习者也可以选择其中的某些动作进行操练,以针对个人身体的某些状况和需求。重要的是要确保每个动作都做到位,并保持正确的呼吸方式。

对于初学者或老年人,需要根据自身情况调整练习的强度和时间,包括动作的快慢、步子的高低、动作幅度的大小、锻炼的时间、练习的次数、运动量的多少等,都需要好好掌握,以达到适度锻炼的目的。

总体的运动量以微微出汗为佳,确保练习的安全和有效。

第二章
五禽戏基本功法

起势

在五禽戏中，起势也叫作"引气调息"，其功效是帮助操练者调和呼吸，平静心灵，让身体放松，并提高感知能力。起势影响着整个操练的基调和氛围，为做好后续动作打下基础，所以起势是至关重要的一个环节。

▶ 动作一

两脚并步站立，两臂自然垂于体侧，目视前方。

▶ 动作二

两脚开立，与肩同宽，脚尖向前，双臂自然下垂，全身放松，神情自然。

▶ 动作三

双手掌心向前、向上托起，至高与胸平，掌心向上，与肩同宽。

▶ 动作四

转掌心向内对胸口，随即两掌继续翻转同时缓慢下按至腹前，再左右分开，两臂垂于体侧；目视前方。

呼吸方法

举起手臂时吸气，放下手臂时呼气。呼吸要深而长，与动作同步，过程平静，切忌烦躁、急促。

习练提示

（1）动作要缓慢、柔和。

（2）注意呼吸的配合，深呼吸有助于调整气息和放松身心。

（3）动作时保持身体的平衡和稳定，不要摇晃或倾斜。

易犯错误

（1）左脚开步成八字脚，两脚距离小于肩宽。这样"夹着尾巴"练功，影响任脉督脉的联通。

<u>纠正方法</u> 开步时，左脚先提脚跟，后提脚尖，落脚时，先落脚尖，后落脚跟，落脚跟时要向左侧外撑下落，使两脚保持平行。开脚距离要稍宽于肩，即两脚内侧距离与肩同宽。

（2）起势向前托起时肘部过直，抬手过高；下按时抬肘过高。

<u>纠正方法</u> 两掌前托时，肘部微屈，手不过乳高。

第一戏　虎戏

虎戏包含"虎举"和"虎扑"两个动作,"虎举"模仿老虎举爪立起的动作,"虎扑"模仿老虎向前扑食的动作。虎戏主肝,肝开窍于目,虎戏神发于目,双目炯炯;肝主筋,其华在爪,虎戏威生于爪,伸缩有力。虎戏体现了虎的威猛,动如雷霆、势不可挡,静如泰山、不可动摇。

基本手势

虎爪

五指张开,虎口撑圆,手指关节弯曲成爪,如同老虎的利爪,刚劲有力。

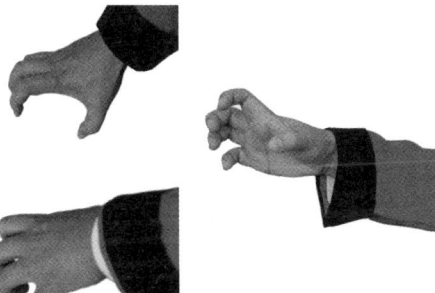

虎拳

在虎爪的基础上从小指开始依次握拳,最后拇指紧扣,成一标准的拳。

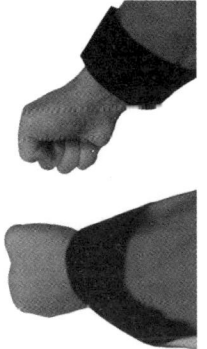

第一式　虎举

▶ **预备**

两脚开立，与肩同宽，脚尖向前，双臂自然下垂，收腹提肛，目视前方。

▶ **动作一**

双手置于髋前，掌心朝下，手指张开，手指向前，然后弯成虎爪状。

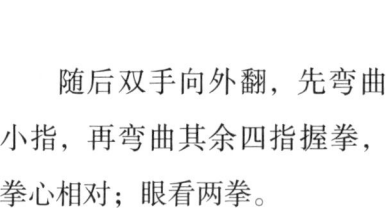

随后双手向外翻，先弯曲小指，再弯曲其余四指握拳，拳心相对；眼看两拳。

▶ 动作二

拳头沿着身体前方慢慢举至胸前,然后双臂向内转动,手指慢慢松开,同时手掌伸直举过头顶;头向上抬起,眼看两掌。

侧视图

▶ 动作三

两掌弯曲成虎爪,随即外旋并握拳,拳心相对;目视两拳。

▶ 动作四

两拳下拉至胸前,变掌体前下按,落至两髋前,十指撑开,手指向前,掌心向下;目随手走,注视两掌。

● 重复

重复动作一至四 3 遍。

▶ 结束

两手自然垂于体侧,目视前方。

呼吸方法

双臂上抬时吸气，下按时呼气。

习练提示

（1）三点一线：两手上下沿垂直线运行，同时按照上（头顶）、中（胸前）、下（髋前）三个位置进行手型转换。

（2）刚劲有力：撑开十指、屈指成"虎爪"、外旋握拳，三个环节均要贯注劲力。

（3）眼随手动：两手举至头顶时，胸腹充分向上展开，抬头目视双掌；两手下按至髋前时，含胸松腹，低头目视双掌。

（4）意念转换：两拳向上，如提水桶；两掌上举，如举重物；握拳下拉，如拉双环；两掌下按，如按水中浮球。

易犯错误

（1）撑掌、屈指、握拳不够标准。

纠正方法　撑掌时，十个手指要像钢针一样完全展开；屈指时，先弯曲手指的第一和第二关节，让手掌心稍微向外突出；握拳时，先弯曲小指，然后依次弯曲其他四个手指，握得要紧实。这三个手势都出现在"动作一"中，要一个接一个地呈现，节奏清晰。

（2）两手上下移动时线路不直。

纠正方法　先确定好两手和身体之间的距离，然后保持这个距离不变，上下移动手时，手要在一条与地面垂直的线上移动，就像画一条垂直的直线一样。

（3）两手上举时，身体过于向后仰。

纠正方法　两手要举向头的正上方，而不是后面；收紧腹部，挺直腰部，背部稍微向上拔起，同时抬头看上方；手臂和身体要一起向上伸展，并且与地面保持垂直，不要向后弯曲。

第二式　虎扑

▶ 动作一

两手握空拳,沿身体两侧提至胸侧;下肢保持不动,身体稍后仰。

侧视图

▶ 动作二

两手向上、向前划弧,随即十指弯曲成虎爪,掌心向下;同时上体前俯,挺胸塌腰;怒视前方。

侧视图

▶ 动作三

两腿屈膝下蹲,收腹含胸;同时两手向下划弧至两膝侧,掌心向下;目视前下方。

侧视图

随后,伸膝、送髋、挺腹、后仰,身体成反弓状;同时,两手握空拳沿体侧向上提至胸侧;目视前上方。

侧视图

▶ 动作四

右脚尖顺势外展约30°，重心移至右腿，左脚提起；双手继续向上向前拱起。

然后左脚向前迈出一步，脚后跟着地，右腿弯曲下蹲，形成左虚步；同时上半身向前倾约45°，两拳成虎爪向前、向左下移动，下压至左膝盖前方两侧，与膝盖同高，双手距离约两个肩宽，手掌心朝下；怒视前下方。

侧视图

随后左脚收回，与肩同宽，两膝弯曲；两手分开至两膝旁；目视前下方。

▶ 动作五 至 动作八

动作五至八（右势）同动作一至四（左势），唯左右相反。

老年人五禽戏养生功

▶ 结束

开步站立，两臂自然垂于体侧；目视前方。

两掌向身体侧前方举起,掌心朝上,与胸同高。

两臂屈肘,两掌内合,转掌心向内对膻中穴,随即两掌继续翻转同时缓慢下按至腹前,而后左右分开,两臂垂于体侧;目视前方。

呼吸方法

吸气时两手沿体侧向上收至胸前侧,掌心向下;呼气时两手向前下猛扑至膝前两侧,掌心向下。

习练提示

(1)脊柱水平:身体前俯至水平时,两臂前伸、臀部后引、头部上抬、腰部下塌，使脊柱得到充分伸展。

（2）动作连贯：屈膝下蹲、收腹含胸与伸膝、送髋、挺腹、后仰的动作过程要连贯，使脊柱由折叠到展开，形成匀速波浪式蠕动，从腰椎经过胸椎到达颈椎，节节贯串；两手下按、上提的动作要与之配合协调。

（3）刚柔并济：虚步下扑时，可以提升速度，先柔和后猛烈，配合迅速深呼吸，气从丹田发出，以气催力，直达指尖，模仿猛虎下扑、按住猎物。

易犯错误

（1）身体前俯时（动作一二、五六），低头、弓背、松腰、屈膝，手臂向上或向下伸展。

<u>纠正方法</u> 伸直膝盖，手臂平行地面前伸，抬头挺胸塌腰，感受脊柱自然伸展。可双人牵手体验腰脊拉伸感。

（2）脊柱蠕动不明显，收腹、送髋、挺胸不充分，两手配合不协调。

<u>纠正方法</u> 划弧时配合身体动作，下划时低头弓背，上提时送髋挺胸，逐渐加大动作幅度。

（3）虚步时，身体未能面向正前方，重心不稳，左右摇晃。

<u>纠正方法</u> 以脚跟为支点，重心移至后脚跟时外展脚掌；迈步时保持两脚间距，增强稳定性。

虎戏养生要义

养生肝先行，虎戏疏肝气。

操练虎戏时，所模仿的老虎动作必须有力，如老虎扑食，力量抵达指甲，激情发于眼睛。根据中医理论，虎戏主肝，肝主全身筋膜，"爪为筋之余"，指甲是体内筋延伸到体外的部分；同时，"肝开窍于目"，肝的经脉上联于目。所以，通过虎戏动作用力，气血抵达手、眼，可舒筋、养肝、明目。

虎戏中有上举、前扑的动作，两手臂向上、向前伸展，使身体两侧充分展开，而体侧是肝胆经运行的地方，所以经常练习会舒畅肝气。

就肢体招式来说，虎戏动作活动了脊柱，上举、后仰、前扑动作让脊柱得到了伸展和前后活动，特别是让腰部得到运动；也活动了相关肌群，可以提高腰、背、颈肌肉的力量。所以操练虎戏对腰、颈常见问题，如腰、颈肌紧张，腰椎劳损等具有预防或治疗效果。

此外，虎戏动作也充分运动了肩周，"虎举"中手臂上举下按，"虎扑"中手臂在身体两侧朝多个方向划弧，都带动肩关节有规律地活动，可促进肩部及上肢气血运行，疏解瘀滞，促进肩周炎等病痛的康复。

第二戏 鹿戏

鹿戏包含"鹿抵"和"鹿奔"两个动作,"鹿抵"模仿梅花鹿左右摆头和抵角的动作,"鹿奔"模仿梅花鹿向前迈步和抵角的动作。鹿戏动作对腰部以及督脉、膏肓等位置有较多锻炼,可有振奋阳气、强腰壮脊、益肾养生的功效。鹿戏中身体向左、右、前方进行较大幅度的摆动,人于身体平衡感的把握中,可感受鹿的平和、优雅。

基本手势

鹿角

拇指伸直外张,食指、小指伸直,中指、无名指弯曲内扣,整体呈鹿角状。

第一式 鹿抵

动作一

双腿膝盖稍微弯曲,将身体重心转移到右腿上,左脚穿过右脚内侧向前迈出一步,脚后跟接触地面。同时身体右转,双手握空拳,双臂向右侧摆起,约与肩平,拳心向下;目光追随着手,看向右拳。

▶ 动作二

身体重心前移,右腿伸直,左腿膝盖弯曲,同时身体向左侧转动,左脚脚尖向外转动并稳定;同时两拳变成"鹿角",向上、向左、向后划出一条弧线,掌心朝外,指尖朝后。左臂肘部弯曲,外展并伸展,左肘置于左腰上,右臂举至头前;目视右脚跟。

侧视图

▶ 动作三

身体向右转回正，重心后移，左脚尖翘起；双手鹿角同时向上、向右、向下划出一道弧线，摆至身体右侧，与肩同高，掌心朝下；眼看右手。

▶ 动作四

两手由鹿角变为握空拳；左腿往后撤回，与肩同宽，同时两手下落于身体两侧，目视前方。

▶ 动作五 至 动作八

动作五至八同动作一至四，唯左右相反。

呼吸方法

吸气时，双手自然侧摆至肩高，感受气息流入体内，滋润身心；呼气时，随着身体的拧转侧屈，气息缓缓呼出。

习练提示

（1）动作过程中手型交替变换——先握空拳，再变鹿角，再握空拳。握空拳时要松，变鹿角时要紧，变换过程不能突然加速，要逐渐地屈指或展开。

（2）腰部侧屈拧转：侧屈的一侧腰部要压紧；另一侧借助上举手臂的后伸，充分抻拉脊柱和后背部肌群。

（3）后脚脚跟要蹬实，以固定下肢位置，加大腰腹部拧转幅度。

（4）动作须柔和缓慢，切忌用力过猛、速度过快、幅度过大。

易犯错误

（1）两臂划圆，动作僵硬。

纠正方法 犯错主要原因是腰部和手臂运行脱节，不协调。鹿抵手臂运行有立圆和平圆的变化，在学习完整动作之前，两手可以在体前反复进行立圆和平圆的绕环，体会以腰带臂的动作要领，熟练后再习练完整动作。

（2）拧腰侧屈不充分，拧转不到位。

纠正方法 两脚位置要固定，脚尖外展角度要到位，后腿要蹬直；两臂随着转体划平圆，下面手臂肘尖用力抵压在腰侧，帮助侧屈；上面手臂横于头前，手腕背伸，手指向后伸出，超过下面手臂位置，助力旋转。

（3）低头，视线看不到后蹬腿脚跟。

纠正方法 髋部下沉，身体微向前倾，头和身体斜中寓直，转头下视，通过肩侧注视后蹬腿脚跟。

第二式　鹿奔

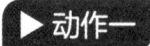

左脚提起，同时双手握空拳，提至胸前。左脚向前迈出一步，随后弯曲膝盖，右腿伸直，形成左弓步；同时，双手伸直，向上、向前

划弧线，再向下落至与肩同高，手腕弯曲、拳头朝下，双臂与肩同宽；展望。

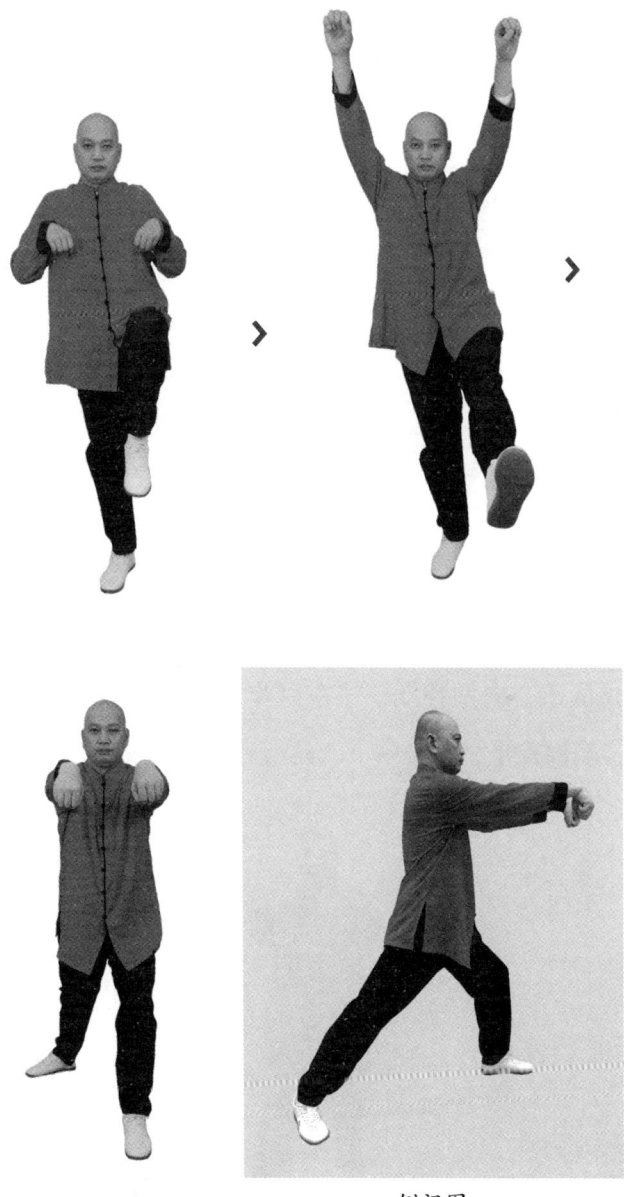

侧视图

▶ 动作二

将身体重心后移，伸直左膝，保持整个左脚掌着地，同时弯曲右腿；同时头向前伸，弓背、收腹，双臂前伸内翻，将拳头变"鹿角"，掌背相对，手指向前；眼看前下方。

侧视图

▶ 动作三

身体的重心向前移动，成左弓步；腰以上部位伸直，两手在体前变成拳，拳面要平，拳心朝下，高与肩平；目视前方。

▶ 动作四

左脚收回,与肩同宽,双开步站立;两手变掌,回落于身体两侧;目视前方。

▶ 动作五 至 动作八

动作五至八(右势)与动作一至四(左势)相同,唯方向左右相反。

呼吸方法

吸气时,两手自然下垂,随着身体的微微后仰,两手开始沿体侧上提至腰两侧,仿佛吸纳大自然的精气于体内,滋润身心;呼气时,身体前倾,重心前移,两手向前划弧,做出鹿奔的动作,仿佛将体内之气随着动作前送,直至两手背落于身体前侧,掌心向下,指尖向前。

习练提示

(1)提腿前跨时,动作要有弧度,落脚时轻而灵活。

(2)配合呼吸法,身体重心后移时吸气,身体重心前移时呼气。

(3)身体向后坐时,双臂向前伸展,与胸部、背部一起形成"横弓";同时头向前伸展,臂内旋,腹收缩,背后拱,形成"竖弓"。如此可同时在两个方向充分拉展背腰。

易犯错误

(1)落步后,两腿成一直线,重心不稳。

<u>纠正方法</u> 提脚上步时,向同侧肩部正前方落步,保持两脚的横向距离与肩同宽。

(2)背部"横弓"和躯干"竖弓"不够明显。

纠正方法　两臂内旋前伸，含胸靠背，肩胛外展内扣，两力相拉，可增大"横弓"幅度；头、髋前伸，收腹敛臀，命门后凸，可增大躯干"竖弓"幅度。胸内含、背后靠，腹收缩、臀内敛前送，形成躯干两张"弓"，使背部肌肉向上、下、左、右四个方向充分伸展。

（3）换跳步动作僵硬。

纠正方法　换跳步动作模拟鹿奔跑时步伐之轻盈，身体重心的左右移动、虚实转换要分明，两脚下落、提起速度要均匀，动作轻柔并富有弹性。

鹿戏养生要义

中医理论认为"腰为肾之府"，而鹿戏动作则是对腰部进行不同方向的整体锻炼的方式。经常练习此戏，能够增强腰部肌肉的力量和活动范围，强健肾脏，疏通肾经，并改善气血循环。

在练习鹿戏前倒动作时，需要注意气沉丹田，身体重心后坐，使整个脊椎向后弯曲，尾部内夹，命门后凸，同时大椎要保持打开的状态，这样不仅能有效锻炼腰椎，还能对一侧肾脏进行按摩。

第三戏　熊戏

熊戏包含"熊运""熊晃"两个动作,"熊运"模仿熊在原地运转腰腹、环视四周的动作,"熊晃"模仿熊提髋迈步、左右摇晃的动作。熊戏体现了熊的从容,运势外刚内柔,外形看似笨重,实则内中生灵,动作起内调脾胃、外健四肢的作用。熊戏主脾,脾为气血生化之源,脾胃健则后天之本固,熊戏动作对腹部拧压挤按,晃动中焦,可补中益气,健脾和胃。

基本手势

熊掌

拇指与食指指尖相接,其余四指自然靠拢,虎口撑圆。

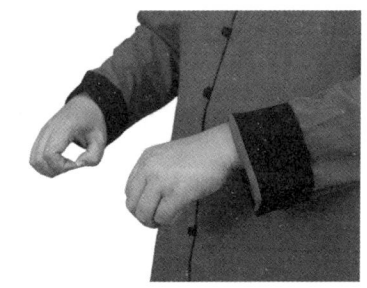

第一式　熊运

▶ 动作一

双手握空拳成"熊掌",提起置于肚脐两侧,拳眼相对;微微含胸,同时,两腿微屈,身体稍前俯;眼看两手。

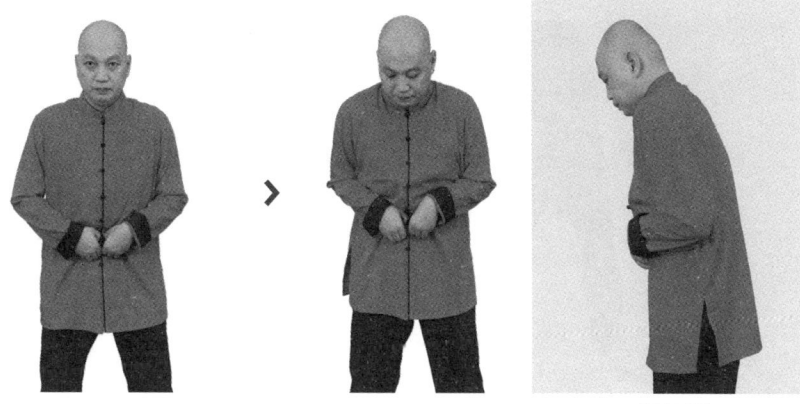

侧视图

▶动作二

以腰腹为轴,顺时针摆动上半身(从右下方开始,依序朝上方、左下方摆动);同时,双拳沿右侧肋部、上腹部、左侧肋部、下腹部划圆;眼睛随着上半身的晃动环顾四周。

侧视图

▶动作三

动作三同动作二,唯方向相反:动作二为顺时针摆动上半身,双手在腹部的运动方向也为顺时针;动作三中,这些改为逆时针(从左下方开始摆动上半身,将两拳沿着左侧肋部、上腹部、右侧肋部、下腹部划圆)。

▶动作四

上半身立起,双拳随之变掌下落,自然垂于体侧;目视前方。

呼吸方法

吸气时,两手握空拳成"熊掌",沿体侧上提至腹前,同时上体微微前倾,仿佛吸纳大自然的精华于体内;呼气时,随着身体的左右晃动,两手亦随之划圆,感受气息在体内的流动,与动作融为一体。

习练提示

(1)肩肘放松,两掌附腰腹,以腰腹带动两手。

(2)保持腰胯稳定,让身体自然摇晃。在摇晃过程中,挺起胸部、收腹,充分拉伸腰腹部。向下摇晃时,托住胸部并舒展胃部,同时挤压脾胃、肝等人体中部脏器。

易犯错误

(1)腰腹运行时,下肢同时摇晃,躯干未能立圆运行。

<u>纠正方法</u> 保持下肢不动。①先做躯干前俯、后仰运动,再做躯干左右侧屈运动,体验躯干四个方向的位置。②在腰部的带动下,将四个点连贯起来,做顺时针或逆时针的立圆摇转。③视整个身体为一座台钟,胯部及其以下部位为台钟底座,固定不动,假想躯干为台钟的

长指针（分针），在钟面垂直摇转。

（2）两拳划圆黏滞，与腰腹运行不同步。

<u>纠正方法</u>　①体会腹前立圆：以肚脐为中心，10厘米左右为半径，两手握空拳贴于腹前划立圆，动作要圆活连贯，使拳和腹部摩擦力减到最小，同时体验两拳在腹前的运行轨迹和方向位置。②体会四个方位的同步运动：躯干做上下、左右摆动时，两拳也随之做同向运动，体验两拳和腰腹的协调同步。③以腰带动两臂运行：腰腹做立圆摇转，带动两拳运转，假想两拳为钟的短指针（时针），由长针带动在钟面上进行同步立圆顺、逆运转。

第二式　熊晃

▶动作一

身体重心向右侧移动，同时左髋向上提起，带动左脚离开地面，同时两只手握成空拳成"熊掌"，置于体侧；随即松髋，左腿屈膝提起，右腿微屈，眼看左前方。

▶动作二

身体重心前移,左脚向左前方落地成弓步,整个脚踩稳,脚尖向前,右腿伸直;同时,左臂向前内旋,左拳置于左膝前上方,拳心向左,与腰齐平,右拳置于体后,拳心向后,与腰齐平;眼看向左前方。

▶动作三

左腿伸直,右腿膝盖弯曲,让身体重心压向右侧并向后坐,同时向左转,拧腰晃肩,带动两臂作弧线前后摆动,右拳向前挥过左膝,拳心向后,与腰齐平,左拳向后挥到身体后方,拳心向后,与腰齐平;眼看向左后方。

侧视图

▶动作四

右腿伸直,左腿膝盖弯曲,让身体重心压向左侧并向前移,同时向右转,拧腰晃肩,同时带动左拳向前挥过左膝,拳心向左,齐腰,右拳挥于身后,拳心向后,与腰齐平;眼看左前方。

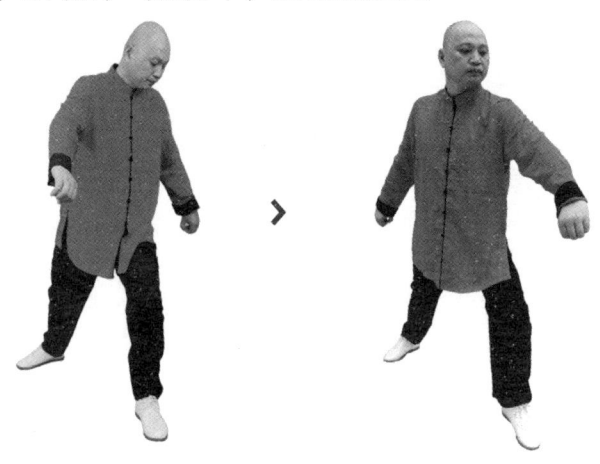

▶动作五 至 动作八

动作五至八(右势)与动作一至四(左势)相同,唯方向左右相反。

第二章 五禽戏基本功法

呼吸方法

吸气时，两手握空拳成"熊掌"，自然垂于体侧，同时提髋带动左腿（左势时）向左前方迈出一步，重心前移，成左弓步，此时，气息自然吸入，感觉身体微微充盈。

呼气时，重心后坐、前移，身体左右摆动，带动两臂如"熊掌"晃动姿势，此时，气息缓缓呼出，仿佛随着身体转动和手臂晃动而流动。

习练提示

（1）可以先练习将臀部向左、向右抬起。方法是：保持肩膀平行，将重心移至右腿，抬起左臀部，抬起左腿，然后放下；然后将重心向左移动并抬起右臀部。这样，你就能感受到腰部肌肉的收缩。

（2）抬起臀部，弯曲膝盖，然后身体重心前移，让脚自然着地，体重落在脚底上，同时，踝关节和膝关节放松，使振动传递到臀部。

易犯错误

（1）提髋不充分，两肩呈一高一低。

纠正方法　提髋时，保持两肩放平不动，重心移至身体一侧，另一侧腰肌尽力收缩、带动下肢上提，左右轮换，体会腰侧肌群收缩和放松感觉。

（2）落步震脚不自然，用力踩踏，髋关节处没有震动感。

纠正方法　提髋、屈膝、落地时，重心要顺势前移，切忌主动踩踏，脚尖要向前，全脚掌自然着地，同时踝、膝关节放松，才能使震动感传至髋关节。

（3）腰部两侧挤压不充分，以腰带臂不明显。

纠正方法　①先两脚开立，分别做两臂下引、身体侧屈动作，体会对腰部两侧的挤压感。②百会穴上领，身体左右转动，带动两臂前后摆动，体会以腰带臂。③结合步型练习，摆好落步震脚后的步型，以腰带臂，两臂与步型同方向前后摆动，再增加腰部侧屈挤压，挤压时间很短，到位后即舒腰展体。练习熟练后，融入完整套路中去。

熊戏养生要义

"熊运"激活腰部的关节和肌肉，可以预防和治疗腰部肌肉紧张和软组织损伤；转动腰腹部，同时双掌划圈，有助于引导内气运行，强化脾胃的运化功能；利用腰腹部摇摆的动作来按摩体内的消化器官，可以预防和治疗消化不良、胀气、便秘和腹泻等问题。

"熊晃"左右晃动身体，瞄准两侧（从腋窝到肋骨尖），有助调节肝、脾的功能；在行走过程中提臀，并在落步时给予轻微的振动，可以帮助增强髋关节周围肌肉的力量，提高平衡能力，这对于预防和治疗老年人的下肢无力、髋关节损伤以及膝关节疼痛都有一定的帮助。

第四戏　猿戏

猿戏包含"猿提"和"猿摘"两个动作,"猿提"模仿猿猴提踵直立、左顾右盼的神情,"猿摘"模仿猿猴采摘桃果的动作姿态。猿猴动作既强身健体,又有丰富神情,可调节大脑神经,增强人的注意力、敏捷性、平衡感,以及涵养心性。

基本手势

猿钩

五指撑开,快速变猿钩,体现猿猴的灵敏。

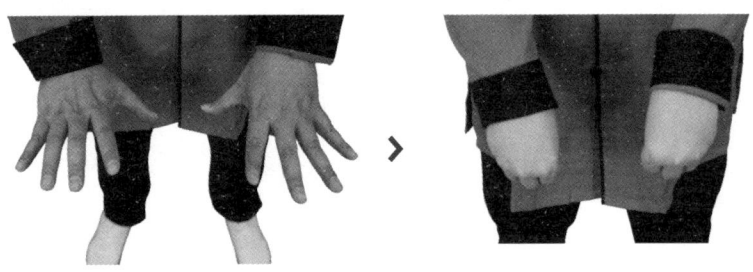

第一式　猿提

▶ 动作一

两臂内旋微屈,两手置于腹前,十指斜相对,然后手指转向前分开,快速变"猿钩";低头眼看双手。

▶ 动作二

两手上提至胸口前，同时提肩、提肘、提手，收腹提肛；两脚跟提起。随即头向左转，目随头动，注视左后方。

侧视图

▶ 动作三

躯干、腿部不动,头转正,目视前方。

▶ 动作四

肩膀下沉,将"猿钩"变掌,并十指相对置于体前,下按,至腹部前方,然后左右分开,垂于体侧;脚部后跟点地;眼看前方。

▶动作五 至 动作八

动作五至八（右势）同动作一至四（左势），唯头部向右转动。

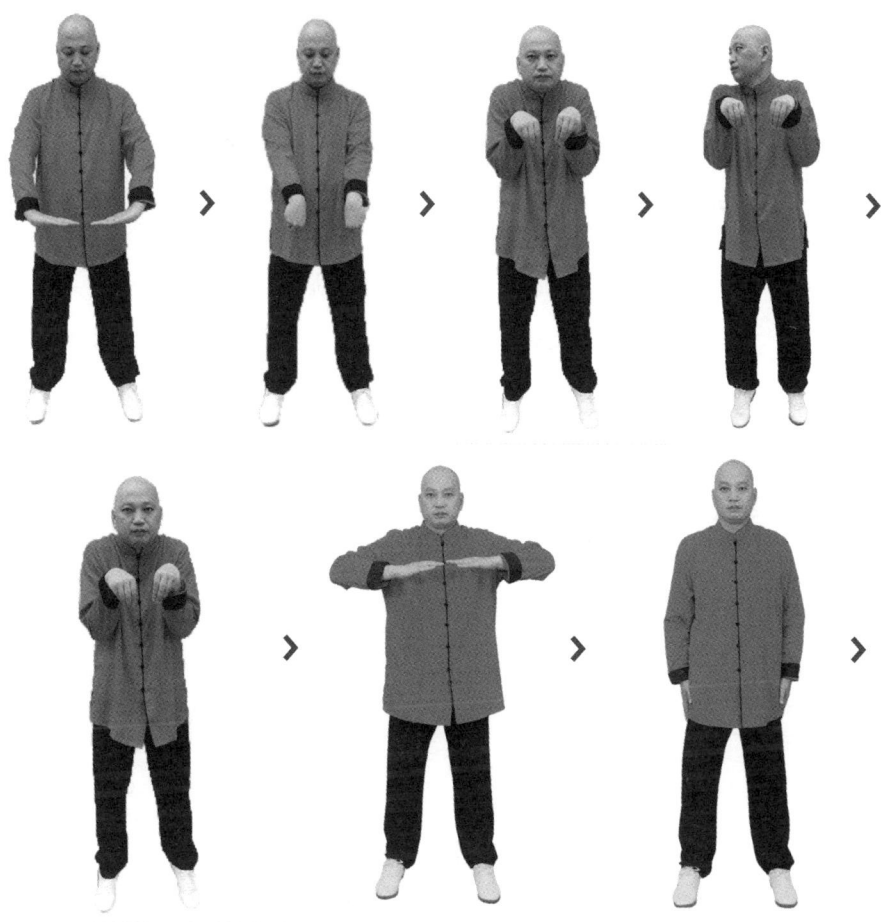

呼吸方法

吸气时，双脚慢慢提起脚跟，脚趾抓地，随着气息的深入，两手沿体侧向上提至胸前，仿佛吸纳天地的精华。

呼气时，脚跟缓缓落地，重心下沉，同时两臂上抬至与肩同高，指尖相对，随后下按至腹部分开，此时呼气应深长均匀，感受气息从体内缓缓呼出，与动作统一。

习练提示

（1）掌指撮拢变钩，速度稍快。

（2）按耸肩—收腹提肛—脚跟离地的顺序上提重心。耸肩、缩胸、屈肘、提踵动作要充分。

（3）动作可配合提肛呼吸：两钩上提吸气时，稍用意提起会阴部；下按呼气时，放下会阴部。

易犯错误

（1）两脚跟提起时，重心不稳，身体前后晃动。

<u>纠正方法</u> 头顶百会穴始终有上领之意。两膝伸直内夹，可起到稳定重心的作用。

（2）耸肩不充分，胸背部和上肢不能团紧。

<u>纠正方法</u> 以胸部膻中穴为中心，缩脖、夹肘、团胸、收腹，增加胸背部和上肢的团紧程度，形成从上下、左右向内挤压心脏部位的力量。

（3）转头时低头或抬头。

<u>纠正方法</u> 百会穴上领，虚灵顶劲（健身气功中用真意来调动真气直达百会穴的一种意念作用），下颌微收，头部平转，眼神保持平移。

第二式　猿摘

▶ 动作一

左脚向左后方退一步，脚尖着地，右腿屈膝，身体重心放在右脚上；同时，左手变勾手，提至腰侧，右手向右前方自然摆起，掌心朝下；眼看右手。

▶ 动作二

　　身体重心向后移动；保持左腿稳固，屈膝蹲下，将右腿收回到左腿内侧，并将脚趾指向地板，成右丁步；同时右掌向下经腹前向左上方划弧至头左侧，掌心对着太阳穴；眼睛先随右掌移动，再转头注视右前上方。

▶ 动作三

右掌向内翻,掌心朝下,沿体侧向下压至左腿外侧,双腿微蹲;眼看右手掌。

右脚向右前方迈出一大步,左腿伸直,左脚脚尖点地;同时右掌经体前向右上方划弧至稍高于肩,变"猿钩",左掌向前、向上伸举,屈腕捏钩,成采摘状;眼看左手。

侧视图

▶ 动作四

身体重心后移,左手由"猿钩"变为"握固"(拳),屈肘回收,右手变掌,自然回落于体前。

随即,左腿屈膝下蹲,右脚收至左脚内侧,脚尖点地,成右丁步;同时,左臂屈肘,收至左前方,掌指分开,掌心朝上,成托桃状,右掌经体前向左划弧至左肘下捧托;眼看左手。

老年人五禽戏养生功

▶ 动作五 至 动作八

动作五至八（右势）与动作一至四（左势）相同，唯方向左右相反。

▶ 收势

左脚开步站立,起身;右手经胸前下划落于体侧,左手自然下落,目不转睛,注视前方。

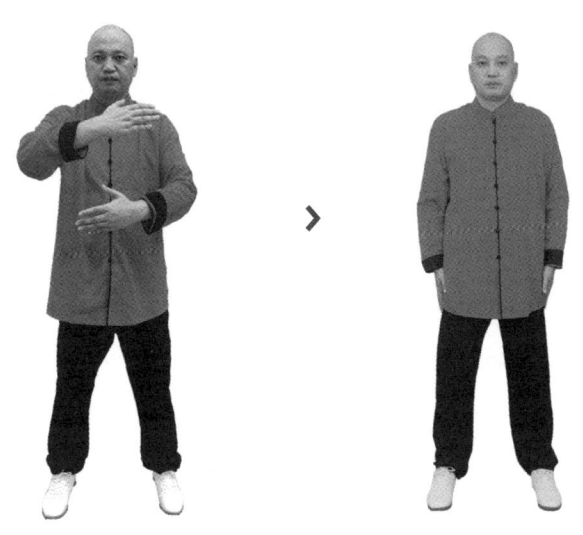

呼吸方法

以自然为主,可以配合两次呼吸,同样遵循"蓄吸发呼、提吸落呼"的呼吸方式:

退步时,身体舒展打开,配合吸气;

按掌时,转头向下,配合呼气;

上步时,含胸吸气,蓄力待发;

后坐时,全身放松,舒胸呼气。

习练提示

(1)撤步方向为45°斜后方向。

(2)托桃下蹲,臀部不要外翘,身体结构微微内收,小腹内收,臀部内敛。

(3)下按上步时,两臂圆活自然,身体拔抻,脚尖点地,两臂之间夹角为90°。

易犯错误

（1）手型变化不清晰。

纠正方法 猿摘的手型在掌、钩和握固（拳）三者之间变换，每一变换都说明动作情节的发展，掌变猿钩是摘果动作，钩变握固是持果动作，握固变掌是托果动作，其中掌变猿钩要快速，其余变换则缓渐进行。

（2）上、下肢动作配合不协调。

纠正方法 下蹲时，手臂屈肘，靠近身体；蹬伸时，身体伸直，手臂充分展开，以腰的运行带动上下肢体同步完成动作。

（3）摘果时，手臂向上直线推出，且"猿钩"变化时机掌握不准。

纠正方法 向上采摘，手的运行是由后向前上的弧形运动，到动作的最高点时，才瞬间快速屈腕变钩。

（4）下肢路线方向不清。

纠正方法 下肢动作有进有退，以退为主，有屈有伸，以屈为主；动作方向变化都是在正面和斜角45°进行。下肢可先单独练习：A脚先向斜后方45°退步，B脚丁步收回时，两脚尖连线在一条45°的斜线上；B脚上步沿该斜线的延长线跨出，变为后点步；B脚收回时，两脚平行，而后更换左右势，继续重复练习。动作熟练后，融入完整套路。

猿戏养生要义

猿戏主心，这里的"心"一可以理解为心脏，二可以理解为心智，操练猿戏有助于人的心脏功能，同时对人的精神神经系统也有好处。

"猿提"时手臂夹于胸前、收腋，而手臂内侧有心经循行，所以演练猿提动作有助于心经血脉通畅。"猿摘"动作对心经循行部位也有较好的锻炼作用，加之上肢大幅度的运动，可以对胸廓起到挤压按摩作用。

猿戏动作的多样性能实现神经系统和肢体运动的相互协调。"猿提"模拟了猴子谐趣、灵动的神态、表情，"猿摘"模拟了猿猴采摘桃果时的愉悦心情，这些有助于放松大脑神经系统，对于紧张、忧郁的精神状态有改善作用。长期演练猿戏能使人年轻化，可促进神经系统的反应敏捷性，增强神经系统和肌肉系统之间的协调功能，防止四肢的过早衰老。

第五戏 鸟戏

鸟戏取形于鹤,包含"鸟伸"和"鸟飞"两个动作。"鸟伸"模仿鹤伸颈、伸腿、伸翅的动作,"鸟飞"模仿鹤翩翩起舞、展翅翱翔的动作。鸟戏主肺,肺有开合,开则真气上引,合则浊气下降,故操练鸟戏可宣发肃降,吐故纳新。

基本手势

鸟头

手向上举高,相叠,如鸟头俏丽于枝头。

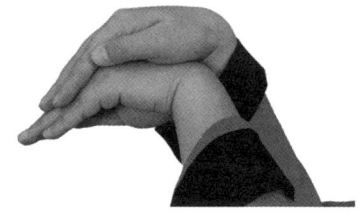

鸟翅

拇指、食指、小指向上翘,中指和无名指向下压,形如鸟翅的末端。

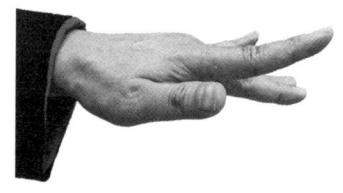

第一式 鸟伸

▶动作一

左脚旁开一步,与肩同宽,重心移于两腿中间,两腿微屈膝下蹲;两掌在腹前相叠,指尖朝前,掌心朝下;目视前下方。

▶动作二

两膝伸直；两臂上举，举到头顶时翘臀部，身体微前倾，即塌腰、挺胸、肩胛向上；目视前方。

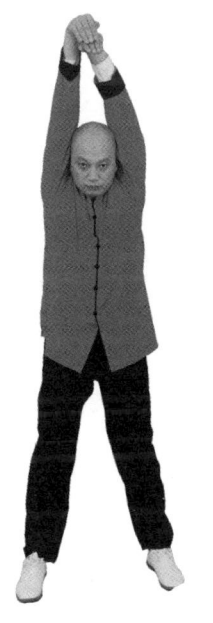 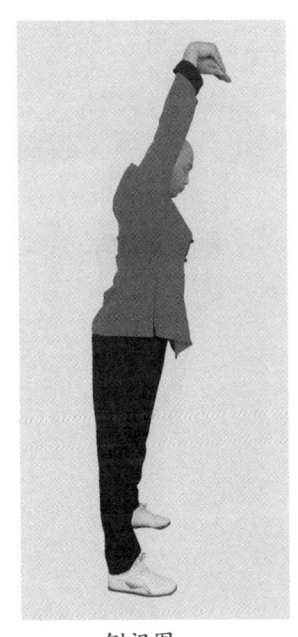

侧视图

▶ 动作三

两腿膝盖微微蹲下，同时，手掌重叠按至腹部前方，掌心向下，指尖向前，眼看两手掌。

▶ 动作四

身体重心移至右腿，两手向身后张开变鸟翅，掌心朝后上方，抬头、伸颈、挺胸、直腰，目视前方。

侧视图

左腿落下与肩同宽。

侧视图

▶ 动作五 至 动作八

动作五至八（右势）与动作一至四（左势）相同，唯方向左右相反。

呼吸方法

吸气：两臂上提或后张时吸气，气息自然吸入，感受身体的舒展与放松。

呼气：双手下按时含胸松腰，呼出浊气，呼气应深长均匀，与动作的下落相协调。

习练提示

（1）两掌在腹前相叠，左右手上下位置可任选，以舒适自然为宜。

（2）两臂上提时，要"寒肩缩项"，"寒肩缩项"是指人处于寒冷环境时的一种应激反应，表现为两肩和后颈用力收缩，起到刺激大椎穴、提升阳气的作用。

（3）注意动作的松紧变化：双手上举或后摆时，颈、肩、腰部肌肉紧缩；下落时，两腿微屈，颈、肩、腰部松沉。

易犯错误

（1）手型变化不清晰。

<u>纠正方法</u> 手型变化在手掌和鸟翅之间进行。两掌腹前上下相叠，

上升至头顶,再下落至腹前时,手型没有变化;手臂向身体侧后方伸展时,手掌渐变鸟翅;两臂下落至腹前叠掌时,渐变为手掌。

(2)两臂后摆时,身体未成反弓状。

纠正方法 首先两臂向后,展肩扩胸;随之,提腿后摆,腰腹前顶,就能形成头向上、胸挺展、髋前送、腿后摆的反弓状。

(3)身体重心不稳定,左右摇晃。

纠正方法 下肢可先单独练习:先将身体重心移至支撑腿;摆动腿先上提,冉向后伸展,脚背绷平,支撑腿伸直。百会上领,伸颈直腰,有助于身体平衡。

第二式 鸟飞

▶ 动作一

双腿微屈;两掌合于腹前,掌心斜向上,十指相对,两手指尖间距大约5厘米;眼看前下方。

重心移于右腿，左腿提膝，同时两手从体侧平举至与肩同高，掌心向下；眼看前方。

侧视图

▶ 动作二

屈膝下蹲，两手于体前下落，腹前合抱，掌心向上，十指相对，两手指尖间距大约 5 厘米；眼看前下方。

侧视图

▶ 动作三

右脚伸直独立，左腿屈膝提起，小腿自然下垂，脚尖向下；同时两手从体侧上举至头顶，手掌背对，指尖斜指上方，呈一个喇叭口；目视前方。

侧视图

▶ 动作四

左脚下落于右脚旁，全脚掌着地，屈膝下蹲，两手体前下落，腹前合抱，掌心向上，十指相对，两手指尖间距大约5厘米；眼看前下方。

老年人五禽戏养生功

▶ 动作五 至 动作八

动作五至八（右势）与动作一至四（左势）相同，唯方向左右相反。

呼吸方法

遵循"提吸落呼"的呼吸方式：每次提腿、展臂时吸气，每次落腿、落臂时呼气。在动作一至八中共有四吸四呼。

呼吸应深长均匀，与动作的提、落相协调，仿佛鸟儿在空中滑翔。

习练提示

（1）做下按提膝展翅动作时，百会穴向上顶，腿向上顶，两力形成对应，同时下颌微微收紧，使体前的任脉再一次被刺激。

（2）两手侧举向上，吸气，体前下落，呼气，闭目静养，调匀呼吸，意守丹田，可起到调和气血、疏通经脉、调理脏腑的功效。

易犯错误

（1）手型变化不清晰。

纠正方法　手型变化在掌和鸟翅之间进行：当两臂平举或上举到位时，手型变为鸟翅；手臂下落时，鸟翅变为掌。两者转换要渐变、松柔。

（2）两臂伸直摆动，动作僵硬。

纠正方法　两臂上举时，力从肩发，先沉肩，再松肘，最后提腕，自然放松，形成手臂举起的蠕动过程；两臂下落时，先松肩，再沉肘，最后松腕，合掌于腹前。

（3）下蹲时，摆动腿下落，支撑腿弯曲不够。

纠正方法　下蹲时支撑腿先弯曲，带动摆动腿下落，身体重心落于支撑腿上。

鸟戏养生要义

（1）通过手臂的开合控制呼吸，开时吸气，合时呼气，可以调动胸肌、肋间肌以及横膈等的活动，有利于增加呼吸肌耐力。

（2）两掌上举和两掌后摆的动作，可激活肺经和大肠经的气血，有助于改善肺功能。

（3）两臂的升降运动可改变胸腔容积，提高肺活量，按摩内脏，增强血氧交换，加强肺的吐故纳新过程，对慢性支气管炎、肺气肿等的康复有积极作用。

（4）提膝独立，可提高人体平衡能力；腿后摆，身体呈反弓状，可以增强脊柱的柔韧性。

收势

收势和起势是相对的，是正式功法招式结束后，对身体的一个调节的过程。五禽戏的起势和收势都和呼吸相关，起势也叫作"引气调息"，收势也叫作"引气归元"。

▶ 动作一

左脚向左迈出一步，两脚分开，间距与肩同宽；两臂自然垂于体侧，周身中正，呼吸自然，目视前方。

两臂外展,掌心转向上,两臂持续上举,两掌至头顶,掌心朝下;目视前方,同时吸气。

掌心向下,内合下按,自然落于身体两侧;同时呼气。

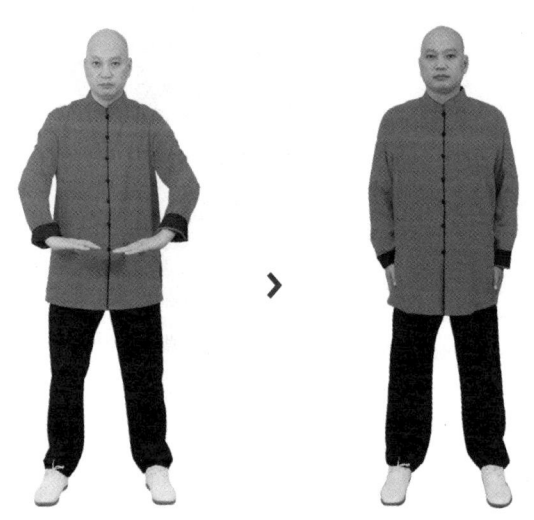

● 重复

动作一连续做两遍。

▶ 动作二

两臂内旋外摆至与腰同高，转掌合抱，虎口交叉于腹前，男性左手在里，女性右手在里，叠于脐前，闭目静养。

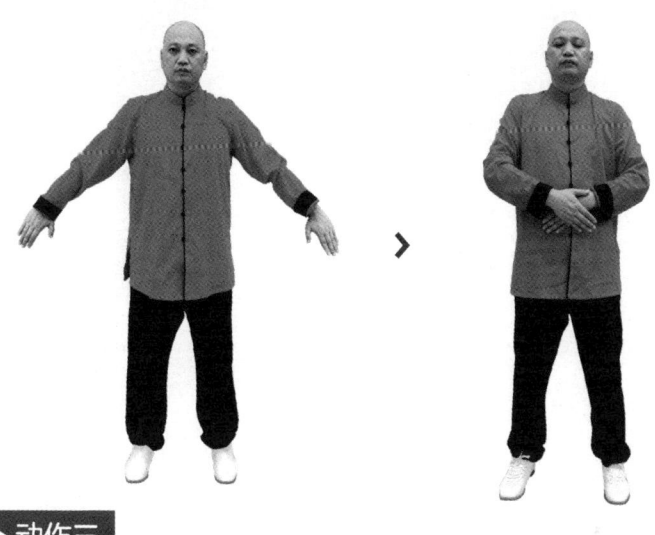

▶ 动作三

两眼睁开，两手于胸前搓掌数次，至手心温热。

手心温热时,将两手触至下巴,向上摩按经太阳穴至额头,再沿太阳穴向下回按到下巴。如此摩按两次。

▶动作四

双手顺着前额向上抚摸,经百会穴,落至肩上。

继续顺肩前下落，沿腹部落至体侧。

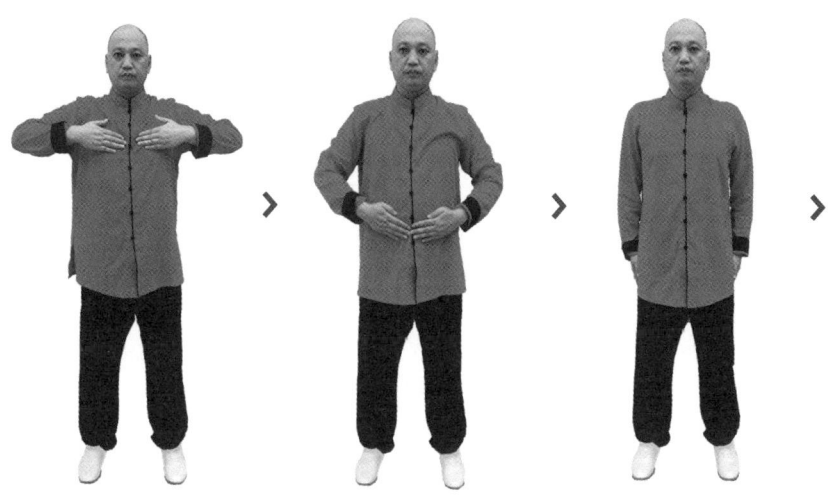

重心移至右脚，左脚收回，并步站立，目视前方，周身融融。

呼吸方法

双掌上举时吸气，双掌下落时呼气。

养生要义

（1）引气归元的过程是逐渐平静气息，并将练习中获得的气导入丹田的过程，具有调和气血、疏通经络、强健脏腑的功效。

（2）通过搓手、浴面等动作，逐渐回复到练功前的平静状态。

第三章
对症练习

老年人五禽戏养生功

第一节 现代人健康问题的对症练习

现代科技发展让人们生活便利的同时，也带来种种问题，如久坐缺乏运动、饮食失调等等，从而让人容易出现某些健康问题。五禽戏功法返璞归真，现代人进行操练，可缓解某些亚健康症状。

下面例举一些现代常见亚健康问题，开具五禽戏运动"处方"。值得说明的是，五禽戏是全身性的运动，每个动作的运动效果均是多方面的；此外，读者也可根据自己身体的需要，找到自己的对症动作方案。

・缓解腰背痛，练虎戏、熊戏

夏天天气热，而人体基础代谢的耗能较多，加上现代人有久坐、工作量大、长时间吹空调等情况，容易导致腰背疼痛。

虎戏的动作矫健有力，有效活动主躯干，充分运用到人体腰背部的肌肉和韧带，可以帮助我们缓解腰背痛、坐骨神经痛等问题。

・缓解颈肩痛，练鸟戏

现代人经常要伏案工作，长期保持固定姿势容易出现颈肩疼痛、颈椎僵硬，并引发头痛等问题。

鸟戏中有升颈、扩胸的动作，有效伸展了颈椎和肩部的筋骨，可以缓解相关疼痛感，恢复机体功能。

・缩减腰围，练鹿戏

随着年龄的增长，人体新陈代谢减慢，如果不注意体育活动，容易导致腰围增大。

鹿戏主肾,其动作主要是腰部的大角度运动,可帮助我们消耗腰部脂肪,让身材更苗条。

·调理脾胃,练熊戏、猿戏

夏季气温高,人们饮食易贪凉、好吃冰镇食物,容易导致脾胃功能失调,出现消化不良、食欲不振等问题。有些人工作忙碌,导致饮食长期不规律,也容易出现消化不良的情况。

熊戏的动作沉稳中带有轻灵,带有揉摸、按摩、震动腹部的动作效果,对脾胃有很好的调埋作用。

猿戏中的第二个动作"猿摘"需要扭转腰部,可以按摩腹部,从而促进肠胃蠕动,调节肠胃功能。

·增强心肺功能,练猿戏、虎戏

科技的进步带来生活便利的同时,也让现代人丧失了很多运动的机会,比如工作时长期保持坐姿,交通依赖机械等,这导致现代人的心肺功能普遍较弱。

猿戏中的第一个动作"猿提"遵循"提吸落呼"的呼吸方式,有助于锻炼呼吸肌和增强心肺功能,缓解气短、气喘等症状。

虎戏中的第二个动作"虎扑"需要扩胸、收腹、蹲下,可以增强人体心脏活力,促进血液循环,舒缓胸闷感,改善心脏功能。

第二节 常见老年病的五禽戏运动处方

中老年人操练五禽戏,尤其是患有各种慢性疾病的中老年人,要根据自己的身体情况进行,把握适当的动作速度、步高、幅度、练习时间、练习次数等。在运动强度、运动量上的原则是操练后心情愉悦、轻松,肌肉会有些酸痛,但不会感觉太累,不会影响工作和正常生活。注意不要急于成功,或贪图运动量更多、动作更快。

下面针对老年人常见的慢性疾病,进行五禽戏运动调养方案的设计与说明。

一、高血压

1. 何谓高血压

高血压是指不同日测量3次血压均收缩压≥140mmHg和/或舒张压≥90mmHg。老年人以单纯收缩期高血压多见,占50%~70%。单纯收缩期高血压是大动脉粥样硬化、血管顺应性下降引起的。高血压常常有头部胀痛、阵发性眩晕、胸闷不适症状,严重的高血压患者常有头痛、疲倦不安、心律失常、心悸耳鸣等症状。高血压是多种疾病的导火索,会引起心脑血管疾病等多种并发症。

2. 老年高血压的五禽戏调养方案

运动疗法对于高血压患者是一种有效的降压手段,《国家基层高血压防治管理指南》推荐采用中、低强度的有氧运动,在确保安全的前提下获得降压、改善预后的效果。中医学的传统运动疗法，以其调气、调神的作用机理，可达到防治高血压病的目的。

传统中医学认为，高血压的病机主要有心、肝两脏腑的阳旺阴虚，脾脏的气虚湿盛，即主要涉及的脏腑包含心、肝、脾。结合五禽戏各戏所属的脏腑，其中虎扑动作、熊晃动作、猿戏等尤有利于老年高血压患者调养保健。

（1）虎扑动作：虎戏中有引腰前伸、上身抬起后仰的动作，能使身体充分舒展拉伸。虎戏属肝，身体两侧胁肋是肝胆经循行的部位，通过前扑，后仰，人体肝经气血运行更加通畅，同时有利于肝脏发挥调畅气机的功能。

（2）熊晃动作：熊戏主脾，通过向前摇晃行进的动作，可以增强肌力，改善老年高血压患者脾胃的运化功能，提高心脏血液灌注能力和改善血液黏稠度。

（3）猿戏：猿戏主心，其动作的多样性可促进神经系统和肢体运动的协调性。猿摘动作模拟猿猴采摘桃果时的愉悦心情，可以放松大脑神经系统，对神经紧张、精神忧郁等症有防治作用。在猿提动作和猿摘动作中，均有眼神的左顾右盼，可活动颈部，改善脑部的血液循环。

每戏结束时进行调息，有利于疏通经络、调畅气血，使气通血通，气足神旺。

3. 注意事项

针对不同类型的高血压患者，开始运动前，应进行必要的临床评估和运动水平评估，应因人而异地制订运动方案；在运动过程中及时监控血压水平，保持与患者的沟通，保证运动干预在安全、有效的情况下进行。轻度高血压患者，可以通过运动方法治疗；病情稍严重者须根据实际情况，结合临床医生建议，慎重选择运动手段进行降压；

重度患者则不建议通过运动手段进行降压。

在锻炼过程中，老年患者也应坚持正规的服药治疗，不要随意减量或停药。控制高血压最有效的方法还是降压药，其他的疗法只是一个辅助手段。如果经过生活方式改善，血压并没有回到正常水平，或者血压已经在一个中高危的水平，一定要遵医嘱服药，不可盲目停药或者加药。

二、糖尿病

1. 何谓糖尿病

糖尿病是一种由胰岛素分泌不足和 / 或胰岛素利用障碍引起的代谢紊乱性疾病，主要表现为血糖高和"三多一少"，即多饮、多食、多尿和消瘦，易导致肥胖和乏力。老年糖尿病受遗传因素和环境的影响，绝大多数为 2 型糖尿病，大多数患者起病初无明显症状。老年患者易引起较多并发症，例如高血压、冠心病、脑卒中等，更易发生抑郁、持续性疼痛等症状。

2. 老年糖尿病的五禽戏调养方案

糖尿病在中医学中归为"消渴"，病机多属为阴虚燥热，主要与肺、胃、肾三脏腑密切相关，但以肾为关键。结合五禽戏各戏所属的脏腑，其中鹿抵、鹿奔、鸟飞等动作尤有利于老年糖尿病患者调养保健。

（1）鹿抵：鹿戏属肾，鹿抵动作包含腰部的拧转、侧屈、旋转等，可按摩腰肾，活动命门穴、督脉等位置，起到了强壮腰肾的功效。肾主水，肾功能改善可提高消渴病人机体的水液代谢，调节阴阳失衡，提高五脏的功能。

（2）鹿奔：动作中的跨步、梗脖、后座等动作通过运行命门之气，加强了人体先后天气血的交流，可促进消渴病人的肾阴的恢复，减轻消渴症状；同时可增强脾脏运化的功能，养阴生津。

（3）鸟飞：通过模仿鸟类翱翔的动作，配合双腿屈膝提起、落下等动作，有利于胸廓的开合，宣畅肺部的气机，可以起到按摩心肺、提高心肺功能的作用。

同时，运动后微微汗出，有利于人体的营卫调和，恢复机体的阴阳平衡。

3. 注意事项

（1）应当严格用药，适度锻炼，控制饮食，尤其是要控制糖的摄入。

（2）在进行运动前宜测血糖，防止低血糖的发生。

三、脑卒中

1. 何谓脑卒中

脑卒中是由于脑部血管破裂或阻塞，血液不能流入大脑而导致的脑组织损伤。老年人在发病期间可能会出现肢体无力、单侧麻木、头痛恶心和意识障碍等症状，严重者可引起死亡。男性高发于女性，成因和高血压、脑血管疾病、不良生活习惯等有关，其中高血压是重要危险因素。

"一人中风，全家瘫痪"，说的就是具有高发病率、高致残率、高复发率、高死亡率四高特点的脑卒中。很多人认为脑卒中的康复可有可无，但是临床研究显示，及时、科学的康复治疗在脑卒中患者的功能恢复上发挥着弥足轻重的作用。

2. 老年脑卒中的五禽戏调养方案

脑卒中在中医学中归为"中风",病机总属为阴阳失调、气血逆乱,主要与心、肝、脾、肾四脏腑密切相关。气血亏虚、肝肾阴虚是本病的根本原因,其症状为风、火、痰、瘀。结合五禽戏各戏所属的脏腑,其中虎扑、熊晃、猿摘等动作较有利于老年脑卒中后患者调养保健。

(1)虎扑:虎戏属肝,卒中患者通常后期肢体出现不协调和活动受限,虎扑动作能刺激关节、韧带、筋骨,通过摆腿、前扑等动作,带动一身气血,活血通络,能改善气滞不通的症状,促进逆乱的气血恢复正常功能。

(2)熊晃:熊晃动作中,简易的摇晃与上下部肢体的协调运动可以缓慢刺激肌肉、关节,有利卒中后患者的肌张力恢复,同时可健脾益气,促进脾胃的运化之功,帮助气血恢复正常。

(3)猿摘:猿猴擅长攀爬、跳跃,生性好动,卒中后的患者肢体活动受障碍,抑郁寡欢,不善言语与肢体活动,操练猿摘这一动作,能滋阴养肾、开智、活血通络、豁痰开窍,同时可调动患者的积极情绪,疏肝解郁,促进肝脏气机的疏泄。

3. 注意事项

(1)戒酒戒烟,保持良好饮食习惯。

(2)关注自己的体重指数(BMI)、血糖、胆固醇等指标,保持在正常范围。

(3)在较差的空气环境中锻炼要做好防护。

(4)营养均衡,坚持饮食"四舍五入法":四舍,舍脂肪、胆固醇、盐和酒;五入,入膳食纤维、植物性蛋白质、胡萝卜素、富含维生素C/E食物、富含钙质食物。

(5)遵医嘱用药,不要擅自加减药量,并注意长期用药后可能伴随的副作用。

四、骨质疏松

1. 何谓骨质疏松

老年骨质疏松是一种全身代谢性骨病，患者骨量丢失、骨组织结构破坏、骨脆性增加。骨质疏松的主要原因有绝经、年龄增大、饮食缺钙和服用影响骨代谢的药物等。老年骨质疏松患者容易感到疲惫、全身疼痛，较常人易发生骨折，其中最严重的骨折是髋部骨折，一旦发生，患者生活自理能力下降。

2. 老年骨质疏松的五禽戏调养方案

骨质疏松在中医学中归为"骨痿"，病机总属为肾虚精亏、正虚邪侵、先天不足，主要与肾有关，以补肾填精、扶正固本、填精养血为治疗总原则。结合五禽戏各戏所属的脏腑，其中鹿抵、熊晃等动作尤有利于老年患者调养保健。

（1）鹿抵：动作缓慢，舒松自然，互抵以戏为乐，有助于操练者刺激骨质，促进骨细胞生长，生精补血。屈肘、后瞧等微微拧转身体中轴的动作有利于增强操练者腰部肌肉力量，可按摩腰肾，活动命门穴、督脉等位置，加深对局部刺激，起强肾之功。

（2）熊晃：骨质疏松老年人操练五禽戏熊晃时，须控制身体平衡，肢体动作配合呼吸，同时动作幅度尽量大，且缓慢。肢体关节部位的扭转与活动，能强筋壮骨，促进肾精充盈、滋润骨隙间，同时能促进中焦气血生化，健脾和胃。

3. 注意事项

（1）患者在锻炼时要把握动作幅度、力度，缓慢进行，任何动作如果感到勉强就要放弃。

（2）应养成健康的生活方式，摄入均衡的膳食。

（3）充足的日照和规律的运动更有助于骨骼、肌肉的健康强壮。

五、睡眠障碍

1. 何谓睡眠障碍

老年睡眠障碍是指与入睡、持续睡眠困难等有关的疾病，主要是由于老年人年龄增长导致生物节律改变。不良的睡眠和饮食习惯、不利的睡眠环境等多种因素都可引起老年期睡眠障碍。老年患者常出现夜间睡眠浅、易惊醒，有效睡眠时间少，睡眠时相提前等情况，易诱发烦躁、抑郁、消化功能降低、免疫功能降低等症状或亚健康表现，导致老年人生活质量下降。

2. 老年睡眠障碍的五禽戏调养方案

睡眠障碍在中医学中称为"不寐"，病机总属为阴盛阳衰、阴阳失交，主要与心、肝、脾、肾脏腑密切相关。老年睡眠障碍患者适宜操练五禽戏全套动作。操练时，应全身放松，专注丹田，呼吸均匀，动作体现肢体柔和、心神宁静的平衡。具体各戏操练时可多注意以下几点。

（1）虎戏：眼神要敏锐专注，左右兼顾，扭腰抬肩，有寻找食物的状态。

（2）鹿戏：模仿鹿平静的心态、轻松的身姿，鹿的探身、仰颈、缩颈、奔跑、回望的姿势要表现得淋漓尽致。

（3）熊戏：动作感觉稳重有力，表达直率的性格。

（4）猿戏：在猿摘的动作中，通过模仿猿猴在采摘桃果时愉悦的心情，可放松大脑神经系统，保持健康的心理状态。

（5）鸟戏：表情模仿鹤挺拔、轻松的神态，要充分表现鹤翅膀明亮、飞翔轻快、独立自主的神韵。

3. 注意事项

（1）合理膳食，避免食用辛辣生冷食物，晚上十点后不再加餐。

（2）家属应当给予患者更多关心和理解，缓解患者心理压力。

（3）增强运动，合理作息，保持良好心情状态。

六、慢阻肺

1. 何谓慢阻肺

慢阻肺即慢性阻塞性肺疾病，主要表现为呼吸困难及相关呼吸道症状，是一种慢性呼吸道疾病。慢阻肺受到基因、年龄、吸烟、空气污染、感染等因素的影响，主要表现为咳嗽、咳痰、气短或呼吸困难、喘息和胸闷等症状。多在中年后发生，好发于秋冬寒冷季节。易并发体重减轻、食欲不振、骨骼肌萎缩和功能障碍、精神抑郁、焦虑等全身症状。

最新的《中国慢性阻塞性肺疾病分级诊疗报告》显示，我国慢阻肺患者约1亿人，占总人口的1/14。慢阻肺十分"狡猾"，它是一个慢性进展性疾病，早期很难被发现。慢阻肺早期几乎没有症状，从起病到影响到日常生活、出现走路呼吸困难等严重症状至少需要五年以上。而且慢阻肺不仅仅只影响肺部，它同时影响肺外多种器官。

2. 老年慢阻肺的五禽戏调养方案

慢阻肺在中医学中归为"喘证"，病机总属为痰邪壅肺、宣降不利，或精气虚衰、肺肾出纳失常，主要与肺、肾、肝、脾有关，多见于冬季和春季。结合五禽戏各戏所属的脏腑，其中鸟飞、鹿奔等动作尤有利于老年患者调养保健。

（1）鸟飞：鸟戏属肺，特别是其中鸟飞动作，双臂展翅、合抱，反复进行，能促进气血循环通畅，同时有利于化痰消饮，清除肺内大小支气管的拥塞；鸟翅手型拇指、食指上翘，意在促进手太阴肺经，有利于经气的恢复，提升操练者的心肺功能。

（2）鹿奔：鹿戏操练过程注重心舒体松，神情怡然，呼吸自然。在鹿奔动作中弓背收腹，可增强腰背肌肉力量，起矫正脊柱的作用，身体后坐时打开大椎骨，可以疏通经气。通过鹿奔动作，气运命门，疏通一身经络之气，对于肺肾出纳失常有改善作用，有利于强精补肾固肺。

3.注意事项

（1）戒酒戒烟，加强呼吸道防护。

（2）规律作息，合理饮食，保障充足精力和营养。

（3）适当锻炼，可以选择做呼吸操、吹口哨等锻炼呼吸功能的运动。

七、便秘

1.何谓便秘

便秘是指人每周排便少于3次，粪便质地干硬，同时排便困难的一种症状。急性心肌梗死、脑出血等疾病对老年便秘患者有致命危害。

老年性便秘的常见病因极多，比如生活习惯不良、心理不健康情绪影响、患有慢性肠道疾病、全身疾病，还可能和滥用药物有关。随着年龄的增大，消化功能减弱，气血也逐渐衰弱，让老年人成为便秘的高发人群。

2.老年便秘的五禽戏调养方案

五禽戏健身气功可以增强全身的协调性并促进人体新陈代谢。对于老年便秘患者来说，适量的运动可以提高肛肠部位排便肌肉的收缩力，促进排便运动。五禽戏中鹿抵、熊晃等动作尤有利于老年便秘患者调养保健。

（1）鹿抵：鹿戏主肾，动作强调舒展延伸，切忌拘束感。鹿抵动作中腰脊拧转侧屈，交替挤压肾部，配合深呼吸循环，有利于少阳生火，补肾温阳，去除人体阴寒凝结，提升患者的便意和促进排便能力。

（2）熊晃：熊戏体现熊的稳健，熊晃动作通过关节与肢体的上下配合，以人体正中为轴，上下带动全身肌群，有利于强筋壮骨，增强肌张力，健脾益气，恢复脾胃正常功能，转运水谷精微，滋阴润燥，润肠通便。

3. 注意事项

（1）可食用含有益生菌的食物，如酸奶等。饮食中也要注意摄入高纤维的水果蔬菜。

（2）增强体育锻炼，帮助增加肠道肌肉活力。

（3）通过深呼吸等方式缓解压力，减轻症状。

八、帕金森病

1. 何谓帕金森病

帕金森病是一种神经系统退行性疾病，通常出现静止性震颤、运动迟缓、肌强直、姿势平衡障碍等症状。疾病的主要原因是大脑内黑质多巴胺能神经元的退化和死亡，病发可能与遗传、环境因素及神经系统老化等多种因素有关，该疾病具有显著的老年高发特性，其中男性发病率稍高于女性。患者最初常表现为震颤，进一步出现肢体的随意运动，在站立、步行时会出现异常姿势；患者后期易出现说话、进食困难以及全身僵硬，常有抑郁、焦虑的负面情绪。

2. 老年帕金森病的五禽戏调养方案

已有大量的研究表明，五禽戏健身气功在帕金森病的预防方面有着显著的效果。帕金森病在中医学中归为"震颤"，病机总属为肝风内动、筋脉失养，主要与肝、脾、肾三脏腑密切相关，尤其是肝。

老年帕金森患者适宜练习五禽戏，具体来说：

首先，五禽戏的动作可以帮助帕金森病患者增强身体的柔韧性和平衡能力。五禽戏中的动作需要身体柔韧度和平衡能力的支持，这些练习可以帮助帕金森病患者降低身体僵硬的程度，缓解震颤和运动障碍等症状。

其次，五禽戏的练习可以改善心理状态。帕金森病患者不仅会出现身体上的症状，还会出现心理上的问题，如焦虑、抑郁等。五禽戏的练习可以帮助帕金森病患者放松身心，缓解心理上的压力。

最后，五禽戏的练习可以促进气血流通，增强免疫力。帕金森病患者常常伴随着免疫力下降的问题，五禽戏的练习可以增强身体的免疫力，促进血液循环和气血流通，从而增加身体的抵抗力和康复能力。

在五禽戏中，结合各戏所属的脏腑，熊晃、鸟飞这类柔缓的动作尤有利于老年帕金森病患者的调养保健。

（1）熊晃：熊晃动作是对四肢笨拙的熊的行走姿态的模仿，帕金森病患者体内有较多病理产物的堆积，对肢体的动作不利。操练中，通过模仿熊的行走，身体重心的调整与起步落步配合，有利于熄风化痰、活血通络，同时滋养脾肾，益气养血。

（2）鸟飞：飞翔动作中舒腿、展翅的动作，能很好地锻炼患者的平衡与筋脉的灵活度。手脚动作与呼吸吐纳配合，能起到通腑泄热、豁痰开窍、调节气机的作用，有利于患者康复。

3. 注意事项

（1）注意健康饮食，多喝水以及摄入高纤维食物。

（2）加强运动锻炼，制定合理锻炼计划，可尝试各种有氧运动。

（3）平时动作不要太快。走路时注意让脚后跟先着地，不要携带重物，注意观察。

九、尿失禁

1. 何谓尿失禁

尿失禁是一种患者尿液会在无意识或无法控制的情况下经尿道流失的疾病，主要由于膀胱、尿道压力异常所致，年龄越大，发病率越高，女性与男性均有较高的发病率。尿失禁有不同类型：压力性尿失禁患者常在弯腰、咳嗽、运动时导致腹压增高，使尿液不自主流出，高龄女性患者常见这种类型；急迫性尿失禁患者常突然感到强烈的小便冲动，随后出现漏尿，高龄男性患者常见这种类型，成因与前列腺增大有关。尿失禁还容易引发皮疹、皮肤感染以及尿路感染等问题，症状大大影响患者的生活质量，还可能导致抑郁、焦虑、孤独等心理问题。

2. 老年尿失禁的五禽戏调养方案

尿失禁在中医中归为"漏尿"，病机总属为肾气不固、膀胱气化失司，主要与脾、肾、膀胱三脏腑密切相关，尤其是肾。

老年尿失禁患者适宜练习五禽戏。结合五禽戏各戏所属的脏腑，其中鹿奔、熊晃等动作尤有利于患者调养保健。

（1）鹿奔：鹿戏属肾，鹿奔中弓背收腹、双臂内旋等姿势有利于补充人体肾气。其中身体后坐时，打开大椎骨，可以疏通经气，振奋全身阳气，提高肾之元气。

（2）熊晃：动作强调含胸拔背，上步轻灵，落步沉稳。动作过程中，人体气血运行加速，脾胃的运化功能受到激活，有改善脾胃运化、营养脏腑、增强肌力的作用；动作带来腰间的晃动，有利于增强膀胱功能。

3. 注意事项

（1）根据身体状况，选择适当的动作幅度和强度，避免过度锻炼导致肌肉疲劳，使尿失禁症状加重。

（2）练习时注重呼吸与动作的协调，通过深呼吸锻炼可增强腹压控制能力，继而有助于改善尿失禁症状。

（3）制定长期锻炼计划，并持之以恒地执行。初期可从简单动作开始锻炼，而后逐渐增加动作难度和强度，避免急于求成。

云端视频 五禽戏各动作演示

使用手机（微信软件）扫描后面的二维码，即可播放五禽戏各动作的互联网云端演示视频。

第一戏　虎戏

第一式　虎举

正面演示

侧面演示

第二式　虎扑

正面演示

侧面演示

第二戏 鹿戏

第一式 鹿抵

正面演示

侧面演示

第二式 鹿奔

正面演示

侧面演示

第三戏　熊戏

第一式　熊运

正面演示

侧面演示

第二式　熊晃

正面演示

侧面演示

第四戏　猿戏

第一式　猿提

正面演示

侧面演示

第二式　猿摘

正面演示

侧面演示

第五戏 鸟戏

第一式 鸟伸

正面演示

侧面演示

第二式 鸟飞

正面演示

侧面演示